# 4. L'OGRE AUX YEUX DE CRISTAL

# Garulfo

SCÉNARIO
**ALAIN AYROLES**

DESSIN
**BRUNO MAÏORANA**

COULEURS
**THIERRY LEPRÉVOST**

Remerciements à Jean-Christophe Fournier
pour l'idée de l'ogre et du lutin.

**DANS LA MÊME SÉRIE**

Tome 1 : De mares en châteaux
Tome 2 : De mal en pis
Tome 3 : Le Prince aux deux visages

**DU MÊME SCÉNARISTE**

**Chez le même éditeur**

**De cape et de crocs**
*dessin de Masbou*
Tome 1 : Le Secret du janissaire
Tome 2 : Pavillon noir !
Tome 3 : L'Archipel du danger

© 1998 GUY DELCOURT PRODUCTIONS

Tous droits réservés pour tous pays.
Dépôt légal : septembre 1998. I.S.B.N. : 2-84055-237-X

Conception graphique : Trait pour Trait
Photogravure : P.P.D.L.

Achevé d'imprimer en février 1999
sur les presses de l'imprimerie Lesaffre, à Tournai, Belgique.
Relié par Ouest Reliure à Rennes.

Aux confins du royaume du Lambrusquet...

Perdus dans la sombre forêt...

Il y avait un château,

une princesse,

et un lutin.

BLÉ!

1.

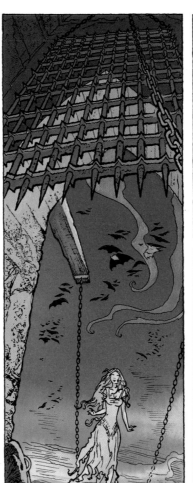

KLIK

klik klik klik klik

KLANG!

« Quitte ce château ! »

« Va-t'en vite ! »

disait une petite voix dans la tête de la princesse.

Oui mais voilà ...

La curiosité d'Héphylie était plus forte que tout ...

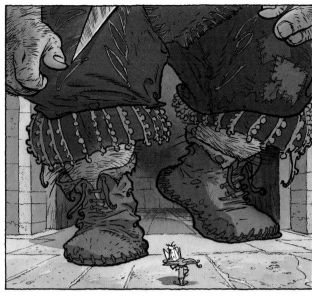

RRUMF!

RRLF!

SÉLTU!

7

ABAISSE TON PONT-LEVIS, OGRE MALFAISANT !

JE SUIS VENU TE DÉFIER !

MOI, HUON DES ESCROSSES JE TE COMBATTRAI POUR QUE JUSTICE SOIT RENDUE AUX VILAINS DE CE VAL !

TELLE EST LA QUÊTE QUE MA DAME M'A CONFIÉE !

OH HUON, BRAVE HUON !

QUI M'EÛT DIT QUE JE PUSSE ÊTRE UN JOUR SI HEUREUSE D'ENTENDRE VOTRE VOIX !

GROAAR

LA LUTTE SERA RUDE ET L'ISSUE INCERTAINE ! JE N'AI PLUS QU'À RECOMMANDER MON ÂME AU BEAU SIRE DIEU.

MAIS PEU ME CHAUT DE PÉRIR...

SI C'EST POUR L'AMOUR DE MA MIE.

9

COAAAA!
— KOFF —
— KOFF —
ZZZ...

IL FAIT SEMBLANT!
JE SUIS SÛR QU'IL FAIT SEMBLANT!

TU VEUX JOUER AU PLUS FIN, HEIN?
D'ACCORD! TU L'AURAS VOULU!
JE PARS!

GRMBLM...
GAW!
JE M'EN VAIS!
TU ENTENDS? JE-M'EN-VAIS!

FAUDRA PAS VENIR TE PLAINDRE APRÈS!

DE TOUTE FAÇON, DANS UNE HEURE OU DEUX, JE SUIS DANS LA VALLÉE.
JE TROUVE UNE ROUTE.
JE MONTE DANS UNE CARRIOLE.
J'ARRIVE AU LAMBRUSQUET.
"BONJOUR, PRINCESSE HÉPHYLIE! JE SUIS LE PRINCE ROMUALD, VICTIME D'UN ENCHANTEMENT, BLA BLA BLA..."

ELLE M'EMBRASSE...
FOUTCH!
JE LUI SOURIS...

ET PAF!
ELLE ME TOMBE DANS LES BRAS!
TUDIEU! JE NE LAISSERAI PAS ÉCHAPPER UNE AUSSI BELLE...

...PROIE!

⑩

VOUS NE M'AVEZ PAS RÉPONDU. À QUOI ÇA SERT ?

QUOI DONC ?

L'ARGENT.

PUFF ! PUFF !

OUBLIE ÇA. D'ICI PEU, TU T'EN RETOURNERAS À TA MARE, ET ÇA NE TE PRÉOCCUPERA PLUS.

NOTE QUE ÇA N'A JAMAIS ÉTÉ UN PROBLÈME POUR MOI NON PLUS.

JE N'ENTENDS RIEN AU COMPORTEMENT DES HUMAINS ! SI JE PARVENAIS À SAISIR LE FONCTIONNEMENT DE VOTRE SOCIÉTÉ, JE SUIS SÛR QUE CELA M'ÉCLAIRERAIT UN PEU !

VOYEZ-VOUS... MA PREMIÈRE MÉTAMORPHOSE M'AVAIT LAISSÉ UNE BIEN PIÈTRE IMAGE DE VOS SEMBLABLES...

KSSS !

HÉ ! ÇA VA ! JE VEUX JUSTE ÉCOUTER !

POURTANT JE SUIS ENCORE... ENFIN... VOUS ALLEZ SÛREMENT TROUVER CELA NAÏF, MAIS... JE VEUX CROIRE EN L'HOMME !

NAÏF ? NOON ! REGARDE : JE CROIS BIEN EN MOI, MOI !

... ET ME REVOICI DANS LA PEAU D'UN HUMAIN ! JE VOUDRAIS METTRE CETTE SECONDE CHANCE À PROFIT : COMPRENDRE !

POURQUOI LES GENS SONT MÉCHANTS ?

EEEH BEN !

L'HOMME EST-IL PAR ESSENCE MAUVAIS ? EST-CE LA CIVILISATION QUI L'A PERVERTI ? POURQUOI CERTAINS FONT-ILS PREUVE MALGRÉ TOUT DE... D'HUMANITÉ ? POURQUOI LES...

HOLA ! HOLA ! TOUT DOUX ! C'ÉTAIT QUOI, LA PREMIÈRE QUESTION ?

L'UTILITÉ DE L'ARGENT.

MAIS JE VAIS EN AVOIR POUR DES PLOMBES À T'EXPLIQUER ÇA !

ALLEZ ! S'IL VOUS PLAÎT !

OUI, ALLEZ !

SOYEZ CHIC !

BON ! BON ! SOIT.

PAR OÙ JE COMMENCE ?

AH OUI ÇA Y EST !

IL ÉTAIT UNE FOIS...

12

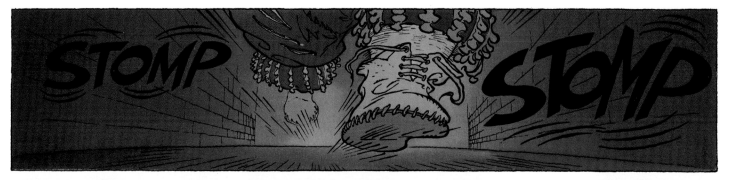

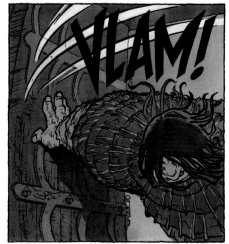

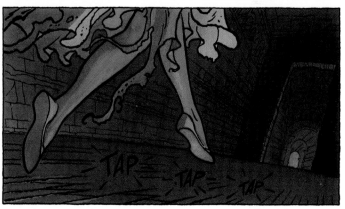

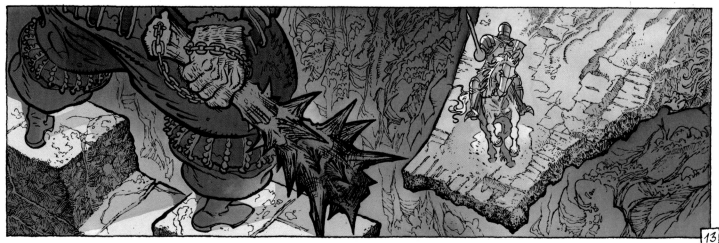

POTOM

CRAC

WUUEEAAAAARR

16

18

ET VOILÀ !

C'EST PAS COMPLIQUÉ.

ÇA MARCHE PAS.

COMMENT ÇA, ÇA MARCHE PAS ?

SI J'AI BIEN SUIVI, PLUS ON A D'ARGENT, PLUS IL EST AISÉ D'EN AVOIR DAVANTAGE...

Y'A DE ÇA.

AINSI, D'AUCUNS EN ONT PLUS QU'IL N'EN FAUT, TANDIS QUE D'AUTRES ONT À PEINE DE QUOI SURVIVRE !

ET ALORS ?

C'EST INJUSTE !

AAH, MAIS NON ! IL SERAIT AU CONTRAIRE INJUSTE QUE LE MÉRITE NE SE VOIE PAS RÉCOMPENSÉ !

LES GENS BIEN NÉS, AINSI QUE LES PLUS ENTREPRENANTS, DOIVENT POUVOIR ÊTRE EN MESURE D'AFFICHER LEUR SUPÉRIORITÉ.

ET LES AUTRES ?

SI ON COMMENCE À RENTRER DANS LES DÉTAILS...

QUE VEUX-TU... C'EST LA LOI DU PLUS FORT, COMME DANS LA NATURE... TU DOIS CONNAÎTRE !

NOUS AUTRES, LES GRANDS PRÉDATEURS...

KRRRMF !

ON T'A SIFFLÉ, TOI ?

POURQUOI NE PAS PLUTÔT IMAGINER...

...UNE SOCIÉTÉ DONT LES VALEURS PREMIÈRES NE SERAIENT PLUS L'ARGENT, NI LE TRAVAIL, MAIS... JE NE SAIS PAS, MOI... L'AMOUR, PAR EXEMPLE !

IL EST GENTIL.

NE RIEZ PAS ! CE N'EST PAS SI SOT.

UN PARTAGE ÉQUITABLE DES TÂCHES ET DES RESSOURCES LAISSERAIT À CHACUN LE LOISIR DE S'INSTRUIRE, DE S'OUVRIR, D'ALLER VERS AUTRUI POUR ACQUÉRIR LA VRAIE RICHESSE :

UN BIEN-ÊTRE BÂTI SUR DES RELATIONS HARMONIEUSES AVEC LE MONDE ET SES HABITANTS !

17

MAIS OUI! TU AS RAISON!

LE JOUR OÙ JE SERAI ROI, JE FERAI EN SORTE QUE LES CHOSES ÉVOLUENT DANS CE SENS!

C'EST VRAI?

C'EST PAS PERMIS D'ÊTRE AUSSI CON!

RÉVEILLE-TOI! IL FAIT JOUR!

À QUOI BON REFAIRE LE MONDE? IL EST TRÈS BIEN TEL QU'IL EST!

IL SUFFIT D'ÊTRE DU BON CÔTÉ DES CRÉNEAUX!

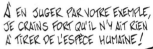

CHACUN POUR SA GUEULE ET VAE VICTIS : TELLE EST MA DEVISE !

HÉ! OÙ TU VAS ?

À EN JUGER PAR VOTRE EXEMPLE, JE CRAINS FORT QU'IL N'Y AIT RIEN À TIRER DE L'ESPÈCE HUMAINE !

HA! TU ME FAIS PITIÉ, VA !

SEULS LES FAIBLES RÊVENT À UN MONDE MEILLEUR !

LES FORTS N'ONT PAS BESOIN DE RÊVER : ILS VIVENT !

HÉ ! HEU.... DIS DONC, VIEUX...

TU VEUX PAS ME REPRENDRE SUR TON ÉPAULE ?

18

CRÂAAA

RMF RUFF

CRAC

RRUMMF!

EUH... EXCUSEZ-MOI...

POURRIEZ-VOUS M'INDIQUER LA ROUTE DU LAMBRUSQUET, S'IL VOUS PLAÎT ?

BEN...MOI, VOUS SAVEZ, LA GÉOGRAPHIE ET LES SCIENCES HUMAINES...

ÇA NE FAIT RIEN! MERCI QUAND MÊME!

FORCÉMENT! UN SANGLIER...

SI ÇA PEUT VOUS AIDER, IL Y A UN GROUPE D'HUMAINS, PLUS BAS, DANS LA CLAIRIÈRE...

MERCI, MON BRAVE!

DE RIEN!

MAIS QU'EST-CE QUE JE DIS, MOI!

J'EN AI MARRE!

JE VEUX PARLER À DES VRAIS GENS!

OH, NON!

19

21

DES CHARBONNIERS !

VAS-Y PAS ! C'EST TOUT SORCIER ET MITAN DE BRIGAND, CETTE ENGEANCE-LÀ !

BONJOUR !

MISÈRE !

NOUS CHERCHONS LA ROUTE DU LAMBRUSQUET ! POURRIEZ-VOUS NOUS RENSEIGNER ?

LE LAMBRUSQUET ! C'EST UN ROYAUME !

TIENS-TOI DROIT ! IL FAUT LES IMPRESSIONNER !

...CONNAIS PAS.

DANS LA VALLÉE... Y SAURONT P'TÈT VOUS DIRE...

DEMANDE-LUI À QUI SONT CES BOIS.

... AU MARQUIS DE CARABAS.

OU PLUTÔT À' SON CHAT !

À' SON...? C'EST GROTESQUE !

EN EFFET !

COMMENT DES BOIS POURRAIENT-ILS APPARTENIR À QUELQU'UN ?

20

22

...MAIS ESSAYEZ, AU MOINS!

NAN!

COMME ÇA : A'EC 'A 'ANGUE!

PLUTÔT CREVER!

C'EST CE QUI FINIRA PAR ARRIVER SI VOUS REFUSEZ DE VOUS SUSTENTER!

CA VA! JE TIENDRAI JUSQU'À LA PROCHAINE AUBERGE!

ET LÀ, JE ME SUSTENTERAI COMME UN GORET!

COMME VOUS VOUDREZ!

MAIS ALORS, TÂCHEZ DE M'ÉPARGNER VOS JÉRÉMIADES... ET VOS BORBORYGMES!

=WU= =WU=

?

WUUUUUUUUUUU

POK!

DES BRIGANDS!

RÉVEILLE-TOI! MAIS RÉVEILLE-TOI!

PAT PAT PAT

IL VA LE TRUCIDER!

IL VA ME TRUCIDER!

LA BOURSE OU LA VIE!

?!

21

23

EUH... BONJOUR!

BOUGEZ PAS, HEIN! SINON...

VENTREBLEU! LE JEUNE GUEUX DE MIRALONDE!

MAIS QUE VOULEZ-VOUS, AU JUSTE?

TA BOURSE, MESSIRE!

AH! LA PETITE FRAPPE!

ATTENDS UN PEU! TU VAS VOIR!

PAR ICI, MESSIEURS LES ARCHERS!

SUS AU BRIGAND! TUE! TUE!

LÂCHEZ LES CHIENS!

HAOUW! HAOUW!

À TOI!

HEIN?

ASSOMME-LE, TRIPLE BUSE!

AHRR! HAN! LÂCHE-MOI!

TÊTE DE DIABLE! RACE DE JUGES!

HAN!

VOUS ALLEZ VOUS CALMER, OUI?

COGNE! MAIS COGNE!

LA GRENOUILLE PORTE-MALHEUR!!

TU CROIS PAS SI BIEN DIRE! CE SOIR, TU DORS EN PRISON!

ET DEMAIN... ZOU! AU GIBET!

POURQUOI TENIEZ-VOUS TANT À ME RAVIR CETTE BOURSE?

BEN... POUR MANGER.

NE L'ÉCOUTE PAS! IL L'AURAIT BUE!

VOUS VOULEZ DIRE QUE VOUS FAITES PARTIE DE CES DÉMUNIS QUI N'ONT PAS DE QUOI SE NOURRIR?

DANS CE CAS, PRENEZ-LA! JE VOUS L'OFFRE DE BON CŒUR!

PAF!

22

ET DIS PAS MERCI, SURTOUT !

T'ES CONTENT ? HO ! J'TE PARLE ! T'ES CONTENT ?

COMMENT ON VA FAIRE, MAINTENANT, HEIN ? IL ME FAUT UN CHEVAL ! UN POURPOINT ! UNE AUBERGE !

ET TOI, TU.... TU....

NE VOUS TRACASSEZ PAS ! A' NOUS DEUX, NOUS SOMMES À LA FOIS GRAND, FORT, BIEN NÉ ET ENTREPRENANT !

SI LE VASTE MONDE EST BIEN TEL QUE VOUS LE DÉCRIVEZ....

... NOUS N'AVONS AUCUN SOUCI À NOUS FAIRE !

23

BON, MAINTENANT, ÉCOUTE-MOI.

SURTOUT, NE CRIE PAS!

TU AS L'AIR D'ÊTRE UN GENTIL PETIT LUTIN...

IL FAUT ABSOLUMENT QUE TU M'AIDES À SORTIR D'ICI !

SI LE GROS MONSIEUR M'ATTRAPE...

IL VA ME M...

...MANGER?

CRUNCH...... CHLURP MIOMCH

GLORP

RRUNF!

HEURRR... OOOH...

PRREUH... PRENEZ... PLACE... JE... VOUS... EN PRIE!

VOUS MANGEZ PAS?

NON MERCI. JE N'AI PAS TRÈS FAIM.

C'EST PAS BON?

SI! SI! JE MANGE! REGARDEZ!

OoOOH! JE FAIS PAS BIEN LA CUISINE!

C'EST PARCE QUE D'HABITUDE, JE MANGE CRU!

AH? ON DIT QUE C'EST TRÈS BON POUR... EUH...

...LES DENTS?

OUI! C'EST VRAI! J'AI DE BONNES DENTS!

VOUS ÊTES PÂLE!

ÇA VA PAS?

26

28

HIER SOIR, VOUS VOUS ÊTES ÉVANOUIE!

É... ÉCOUTEZ! MON PÈRE EST UN ROI TRÈS PUISSANT!

J'AI EU PEUR DE VOUS AVOIR FAIT MAL!

SI VOUS TOUCHEZ À UN SEUL DE MES CHEVEUX... IL... IL...

JE SUIS SI MALADROIT!

C'EST POUR ÇA QUE JE BOIS PAS DANS DES VERRES EN CRISTAL!

LAISSEZ-MOI TRANQUILLE!

POURTANT, J'EN AI PLEIN!

C'EST VRAI... SNIF... VOUS AVEZ UNE... COLLECTION... SUPERBE!

OH! VOUS L'AVEZ VUE?

A... APERÇUE SEULEMENT!

C'EST JOLI, HEIN?

IL FAUT QUE VOUS LA VOYIEZ COMME IL FAUT! VENEZ!

ALLONS! VENEZ!

S'IL VOUS PLAÎT!

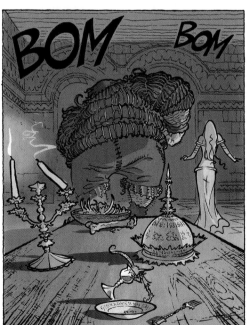

BOM   BOM

VOUS AVEZ DÉJÀ SONGÉ À CE QUE C'EST VRAIMENT, LE CRISTAL?

EUH... DU VERRE TRÈS FIN?

HO HO! NOOON! C'EST BIEN PLUS QUE ÇA!

27

IMAGINEZ! IMAGINEZ DES MONTAGNES, BROYÉES PAR LA MEULE DU TEMPS!

LEUR POUSSIÈRE, MÊLÉE AU PLOMB, BRASSÉE SUR DE GRANDS FEUX!

DES BRASIERS ASSEZ ARDENTS POUR FORGER LES ARMES DE TITANS!

LES MAGES AU SOUFFLE PUISSANT, PENCHÉS SUR LA FOURNAISE...

QUI GUETTENT...

L'INSTANT.

L'INSTANT?

OUI, L'INSTANT PRÉCIS OÙ LA CASCADE HEURTE LA PIERRE.

OU BIEN...

LE GIVRE D'UN RAMEAU S'ÉBROUANT SOUS LA BISE...

LA ROSÉE QUI SCINTILLE AU SOLEIL QUI L'ÉTEINT.

L'ÉVEIL D'UNE LUCIOLE...

UNE ÉTOILE QUI MEURT.

UNE LARME.

UN REGARD.

TOUS CES PETITS BOUTS DE RIEN DE TEMPS, ILS LES ATTRAPENT... PUIS ILS LES ENFERMENT DANS UN ÉCRIN CISELÉ...

ET COMME ÇA,

LEUR BEAUTÉ DEVIENT...

ÉTERNELLE.

28

MAIS PEUT-ÊTRE JE VOUS EMBÊTE AVEC MES HISTOIRES ?

MAIS NON, VOYONS ! C'EST TRÈS INTÉRESSANT, L'OGRE !

... ÇA NE VOUS ENNUIE PAS QUE JE VOUS APPELLE COMME ÇA ?

NON.

VOUS SAVEZ QUE VOUS ÊTES INCROYABLE ?

POURQUOI ?

EH BIEN, NORMALEMENT, UN OGRE, ÇA MANGE LES ENFANTS... ET LES JEUNES FILLES !

HOLÀLÀ ! NON ! JE TOUCHE PAS À ÇA, MOI !!!

JE MANGE QUE DES BESTIOLES !

VOUS, VOUS ÊTES PLUTÔT GENTIL... DÉLICAT... UN PEU POÈTE...

HU !

HIHI ! VOUS ÊTES TOUT ROUGE !

VOUS SAVEZ... FAUT PAS SE FIER AUX APPARENCES : EN FAIT, JE SUIS QU'UNE GROSSE BRUTE !

C'EST PAS VRAI. DONNEZ-MOI VOTRE MAIN !

CECI M'APPARTENAIT... JE TIENS À VOUS L'OFFRIR. PERSONNELLEMENT.

NON ! NON ! JE... JE VAIS LE CASSER !

C'EST PAS GRAVE ! JE VOUS EN DONNERAI UN AUTRE !

EH BEN, VOUS, VOUS ÊTES LA PLUS GENTILLE PRINCESSE QUE JE CONNAIS !

MERCI ! VOUS ÊTES BIEN LE SEUL À PENSER ÇA.

29

31

BEUARK!
PTUH!
PTUH!

ÇA PASSE PAS!

PTUH!

C'EST INFECT!

JE VOUS L'AVAIS DIT.

VOUS DEVRIEZ CHOISIR DES METS PLUS ADAPTÉS À VOTRE PALAIS!

MAIS J'ADORE ÇA, LE COCHON DE LAIT! D'HABITUDE, JE....

D'HABITUDE....

JE PEUX PLUS RIEN FAIRE COMME AVANT! ...JE PEUX MÊME PLUS M'ALIMENTER!

QU'EST-CE QUI VA SE PASSER? JE VAIS CREVER? RÉPONDS-MOI! JE VAIS CREVER?!

...COMME ÇA? SANS RIEN POUVOIR FAIRE? COMME.... COMME UNE BÊTE?

...BON DIEU! JE SAIS MÊME PLUS QUI JE SUIS!!

PARCE QUE VOUS CROYEZ QUE ÇA M'ENCHANTE, MOI, DE DÉAMBULER SOUS VOTRE ASPECT?

J'EN PEUX PLUS!

ROMUALD! HO, ROMUALD!

COURAGE! ON VA S'EN SORTIR, VOUS VERREZ!

SALUT À VOUS, BONNES GENS!

RESTEZ ASSIS!

QU'EST-CE QUE C'EST QUE CE BOUFFON?

COMME À L'ACCOUTUMÉE, MESSIRE FÉLIX?

OUI-DA, ET NE LÉSINE POINT SUR LE CALVA, VILAIN LADRE!

FLOP!

NON MAIS, T'AS VU SES BOTTES?

30

AINSI, C'EST DONC VOUS, LE FAMEUX FÉLIX !

MESSIRE FÉLIX,

LE CH... L'HOMME QUI A DÉBARRASSÉ LA CONTRÉE DE CET OGRE QUI LA TERRORISAIT ?

TOUT JUSTE, MON AMI ! TOUT JUSTE !

HOP !

À UN DÉTAIL PRÈS...

CE N'ÉTAIT PAS UN OGRE !

...MAIS UNE OGRESSE !

UNE SUPERBE OGRESSE !

DODUE, JAMBUE, FESSUE, AVEC DES SEINS.... ÉNOORMES !

PRESQUE AUSSI BEAUX QUE LES TIENS, MA COCOTTE !

OH, VOUS ALORS, MESSIRE FÉLIX !

AAH, TU SAIS QU'Y A DU MONDE AUX REMPARTS, LÀ !

QUEL RUSTRE !

HEIN, MA P'TITE SOURIS ? MMRRU !

IL COMMENCE À M'ÉCHAUFFER LES OREILLES ! S'IL NE FERME PAS BIENTÔT SA GRANDE....

?

QU'EST-CE QUE TU FABRIQUES ?

SCRITCH SCRITCH

MAIS ! T'ES RÉPUGNANT !

AAH-LA-LÀ ! SI TU SAVAIS TOUTES LES BALIVERNES QU'ON PEUT RACONTER À MON SUJET !

TIENS, PAR EXEMPLE, LE COUP DU LION...

LORSQUE VOUS SUGGÉRÂTES À L'OGRE, EUH... L'OGRESSE, DE SE TRANSFORMER EN LION ?

LAP LAP !

EH BEN C'ÉTAIT PAS UN LION.

C'ÉTAIT UN TIGRE !

ARRÊTE ÇA IMMÉDIATEMENT !

ATTENDEZ, ATTENDEZ ! VOUS ALLEZ VOIR !

ET L'ANECDOTE DE LA SOURIS ? ÉTAIT-CE VÉRIDIQUE ?

NA NA NÀN ! C'EST EN MOUCHE ! EN MOUCHE, QUE JE LUI AI DIT DE SE TRANSFORMER !

ET JE L'AI PAS MANGÉE !

HA ! HA ! FRANCHEMENT ! J'AI L'AIR D'UNE GRENOUILLE ?

TIENS, D'AILLEURS, T'AS REMARQUÉ ?

QUOI DONC ?

À LA TABLE, LÀ-BAS...

31

L'ESPÈCE DE HOBEREAU MAL
FAGOTÉ, QUI PARLE TOUT SEUL...
Y'A UN CRAPAUD ASSIS
À CÔTÉ DE LUI !

OÙ ÇA ?

SI,SI ! REGARDE BIEN.

AH OUI !

HÉ !
FÉLIX !

POURQUOI TU LUI
DIS PAS CE QU' ELLE T'A
FAIT, L'OGRESSE ?

SILENCE, MEUNIER !
N'OUBLIE PAS QUE TU PARLES
À L'INTENDANT DE MONSIEUR
LE MARQUIS !

OUAIS, BEN... POUR MOI,TU
RESTERAS CE QUE T'AS
TOUSJOURS ÉTÉ !

...AH ! IMPORTANT !

LAISSEZ DIRE,
MESSIRE FÉLIX,
C'EST RIEN QUE
DES JALOUX !

FFST !
J'TE HACHERAIS
ÇA MENU COMME
CHAIR À PÂTÉ,
MOI...

...ET ALORS ?
ET APRÈS ?

APRÈS
QUOI ?

LA MOUCHE ?
QU'EN AVEZ-
VOUS FAIT ?

J'AI MIS LA MOUCHE DANS UNE
FIOLE, LA FIOLE DANS UNE BOÎTE, ET LA
BOÎTE...JE M'EN RAPPELLE PLUS !

ET VOILÀ !
C'EST PRÊT !

BIEN PRÉSENTÉ,
C'EST PLUS
APPÉTISSANT !

TU...TU CROIS
TOUT DE MÊME
PAS QUE JE
VAIS...

ALLEZ-Y ! GOÛTEZ !
VOUS M'EN DIREZ
DES NOUVELLES !

SQUIK
SCHLP

D'UN COUP !
GOBEZ !

GLOP !

32

HÉ ! MAIS ? C'EST VACHEMENT BON !

DIS-DONC, MAURICE...

LE TYPE EN VERT, LÀ-BAS...

IL M'A PAS L'AIR NET...

EEH BIEN ! VOUS AVIEZ UNE GROSSE FAIM !

MUNCH GLP ! T'ES UN FIN CORDON BLEU !

MONSEIGNEUR ?

AURIEZ-VOUS L'AMABILITÉ DE BIEN VOULOIR SONGER À RÉGLER VOTRE ÉCÔT ?

VA FALLOIR JOUER SERRÉ : TU VAS RÉPÉTER EXACTEMENT CE QUE JE VAIS TE DIRE...

HOLÀ TAVERNIER PRÉPAREZ DONC UNE CHAMBRE POUR LA NUIT TANDIS QUE JE M'EN VAIS QUÉRIR MES GENS AFIN QU'ILS VOUS PAYENT GRASSEMENT.

AVEC LE TON, ANDOUILLE !

HAW HAW

ACCROCHEZ-VOUS !

HÉ ! ATTENDS !

TU COMPTES FAIRE QUOI, LÀ ?

33

35

STOMP
STOMP

SNRF.

VUE!!

À VOUS, MAINTENANT!

ÇA ALORS! OÙ A-T-IL BIEN PU PASSER? CET OGRE? JE NE LE VOIS NULLE PART!

34

VENEZ VOUS ASSEOIR PRÈS DE MOI !

HO HO HO !

HA HA HA !

HU HUuuuu

EUH... L'OGRE ? IL VA FALLOIR QUE JE M'EN AILLE, VOUS SAVEZ...

ILS VONT S'INQUIÉTER, AU CHÂTEAU !

SURTOUT MA PAUVRE NOÉMIE !

JE VOUS VERRAI PLUS JAMAIS, ALORS !

35

BIEN SÛR QUE SI, GROS BÊTA! JE REVIENDRAI DÈS QUE JE POURRAI!

AVEC PLEIN DE MINIATURES EN CRISTAL! LES PLUS FINEMENT OUVRAGÉES! RIEN QUE POUR VOUS!

OOOOOH! C'EST GENTIL!

JE LAISSERAI LE PONT-LEVIS ABAISSÉ, COMME ÇA, VOUS POURREZ REVENIR QUAND VOUS VOUDREZ!

BON, ALLEZ! CETTE FOIS J'Y VAIS!

CRNN CLNK

BERNARDEAU VA VOUS RACCOMPAGNER! C'EST PLUS PRUDENT!

BLÉ!

QUEL DÉDALE! J'AURAI DU MAL À RETROUVER MON CHEMIN, LA PROCHAINE FOIS!

DÉÜW

BLÉ?

À MOINS QUE...

MAIS OUI!

36

OH BEN! VOUS ALLEZ ARRIVER JUSTE À TEMPS POUR L'INAUGURATION DU TOURNOI!

LES PREMIÈRES JOUTES COMMENCENT QUE DEMAIN. AUJOURD'HUI, C'EST JUSTE LA PARADE DES CHEVALIERS.

AH MAIS, C'EST DU SPECTACLE, HEIN!

FAUT LES VOIR, AVEC TOUS LEURS BLASONS ET LEURS MACHINS, LÀ... SUR LA TÊTE...

DES CIMIERS.

ET VOUS SAVEZ S'IL Y AURA DES PRINCESSES D'INVITÉES?

UN PEU QU'Y EN AURA! PARAÎT MÊME QU'ILS ONT FAIT VENIR CELLE QUE LES TROUBADOURS CHANTENT PARTOUT, LÀ...

MÊME QU'ILS ONT DIT QU'ELLE DOIT EMBRASSER LE VAINQUEUR! C'EST DES TRUCS QUI SE FONT DANS LES TOURNOIS...

VOUS AVEZ ENTENDU ÇA, ROMUALD?

DIS-LUI D'ACCÉLÉRER!

QU'EST-CE QU'Y A? T'AS JAMAIS VU UNE GRENOUILLE?

ALORS VOILÀ, JE VOUS EXPLIQUE: LUI, C'EST ROMUALD, MOI, C'EST GARULFO...

37

RHÂaa!

Où as-tu mis mon hermine?

Regarde dans le coffre.

On va être en retard!

Tu n'aurais pas pu y penser avant?

Chaque année, c'est pareil! Toi et ton tournoi...

Aah! La voilà!

Au fait... Il ne devait pas venir, Anjalbert de Gonfalon?

Mais non!

Je te l'ai déjà dit! Il est en voyage de noces!

Quant à Gégé, elle n'arrivera que demain, avec son marquis...

Tss! J'espère qu'il aura la bonne idée de venir sans son intendant!

Quel affreux bonhomme! Je déteste ses manières.

Qu'as-tu donc contre lui? Je le trouve sympathique, moi, ce Félix! Tiens, je suis sûr qu'il m'apportera encore un cadeau!

Comme ceux contre lesquels tu as bradé ta fille?

On ne va pas revenir là-dessus! C'était un beau mariage, et de Carabas est quelqu'un de très bien!

C'est un parvenu.

Gertrude méritait mieux que ça.

On en reparlera plus tard, si tu le veux bien.

Ha! Noémie!

Majesté?

Courez réveiller la princesse Héphylie! Et faites vite! Il est vêpres moins dix!

Encore au lit! À vêpres moins dix?!

Grrmbl... Je peux pas tourner le dos cinq sonnailles...

Au fait! Hé!

Votre Majesté!

Quoi, encore?

38

40

VOUS AVEZ FAIT DONNER LES CONSIGNES ?

OUI ! J'AI FAIT DONNER LES CONSIGNES. FILEZ CHERCHER MA NIÈCE !

...CHEVEUX BLONDS, TEINT CLAIR, VÊTU D'UN POURPOINT DE MAUVAIS GOÛT. VERT, LE POURPOINT.

...S'IL FAIT MINE DE RÉSISTER...! OCCISEZ-LE !

JE N'AI POURTANT RIEN FAIT DE MAL. JE VOUS JURE !

BON. L'ENTRÉE DU CHÂTEAU NOUS ÉTANT INTERDITE... IL NE NOUS RESTE PLUS QU'À PASSER PAR DERRIÈRE.

DISCRÈTEMENT.

TIENS DONC ! REGARDE QUI VOILÀ !

LE GUEUX DE MIRALONDE ! DÉCIDÉMENT, IL ME SUIT PARTOUT !

ET TOI, TU VAS CESSER D'AFFICHER CET AIR SUSPECT !

TU N'AS QU'À SIFFLER, ÇA TE DONNERA UNE CONTENANCE !

TU T'TUT

39

41

41

CE QUE JE FAIS LÀ ?

JE SURVEILLE CETTE FENÊTRE. MESSIRE HUGUES ME PAYE POUR CELA.

ET DÈS QUE LA PRINCESSE HÉPHYLIE APPARAÎT : PAN ! JE LUI JOUE UNE SÉRÉNADE !

LE PROBLÈME, C'EST QUE TOUS LES CHEVALIERS ONT EU LA MÊME IDÉE !

"UGH...

QU'EST-CE QUE C'EST QUE CETTE BANDE DE TRAÎNE-SAVATES ?

HUM...

D'APRÈS TOI, C'EST JOUABLE ?

QUE COMPTEZ-VOUS FAIRE ?

J'AI UN PLAN.

ÇA NE MARCHERA PAS. DE LÀ-HAUT, ELLE NE POURRA PAS LE VOIR, TON NUMÉRO AVEC LA GRENOUILLE.

DISPERSEZ-VOUS !!

ALLEZ ! DU VENT, LES SALTIMBANQUES !

VOUS ÊTES SUR L'ITINÉRAIRE DU CORTÈGE ROYAL !

EN QUOI CONSISTE VOTRE PLAN ?

C'EST SIMPLE : ON ATTEND QUE TOUT LE MONDE SOIT PARTI...

... ET ON ESCALADE.

42

43

C'EST UN HONNEUR QUE DE CHEVAUCHER À VOS CÔTÉS, MESSIRE ENGUERRAND !

EUH... MOI AUSSI ! GRAND MERCI, MESSIRE HUGUES !

ET QUELLE SUPERBE ARMURE ! VOUS L'A-T-ON FAITE SUR MESURE ?

EUH... NON, C'EST CELLE DE PÈRE.

J'AI OUÏ DIRE QUE VOUS AVIEZ ENFIN TROUVÉ UN..."ÉCUYER"...

C'EST VRAI !

ROTURIER, JE CROIS ?

OH, OUI, MAIS POUCET EST UN GENTIL GARÇON, FORT DÉVOUÉ !

HA ! HA ! À LA BONNE HEURE !

C'EST LA PROVIDENCE QUI VOUS ENVOIE, ENGUERRAND !

MOI QUI CRAIGNAIS TANT DE M'ENNUYER EN L'ABSENCE DU BRAVE HUON !

HUON ! JE L'AVAIS OUBLIÉ, CELUI-LÀ ! OÙ A-T-IL DONC DISPARU ?

PEUT-ÊTRE DANS LES BRAS DE LA PRINCESSE HÉPHYLIE...

QUI SAIT ? HA HA HA !

REDESCENDS IMMÉDIATEMENT !

C'ÉTAIT VOTRE IDÉE !

EH BIEN C'ÉTAIT UNE MAUVAISE IDÉE ! VOILÀ ! JE L'AI DIT ! REDESCENDS, MAINTENANT !

TROP TARD.

NE REGARDEZ PAS EN BAS.

ÉCOUTE...

ET TAISEZ-VOUS.

BOUM !

SALOPERIE ! C'EST DU CHÊNE !

EH, TOI ! TU TOMBES BIEN !

VIENS VOIR UN PEU PAR ICI !

RRRATT TAM TA TAM

AH BEN, TIENS, V'LÀ LES CHEVALIERS !

44

46

TU AS UNE PRISE, LÀ, SUR TA DROITE !

RRRRATT TAM TA TAM

RRRATT TAM TA TAM

ALLEZ! VAS-Y! T'Y ES PRESQUE!

GNNNN

RRRRRRRRRRR RRRRRRRRRR RRRRRR

TUDIEU! MAIS QU'AS-TU DONC DANS LES BRAS? DU JUS DE...

CRAC

LE LIERRE? LE LIER-REU!!

CRAC

HAAAA AAAAAAA

PAF!

BON.

DU CALME.

TOUT VA BIEN.

TU VAS TE HISSER.

DOUUUCEMENT.

PENSE À LA PRINCESSE...

ELLE EST LÀ, TOUT PRÈS, ELLE NOUS ATTEND...

COMMENT L'OUVRE-T-ON? Y A-T-IL UN MÉCANISME?

BLÉ BLÉY! BLÉ BLÉBLÉ!...

BLÉ BLÉ BLÉ BLÉ, BLÉ BLÉ BLÉ, BLÉ, BLÉ BLÉ! BLÉ BLÉ BLÉ...

D'ACCORD, D'ACCORD...

J'AI COMPRIS.

IL NE ME RESTE PLUS QU'À POUSSER DE TOUTES MES FORCES...

CLAC

45